BEI GRIN MACHT SICH IHR WISSEN BEZAHLT

Anita Glunz

Analyse von Robert Spaemann, "Die Herausforderung des ärztlichen Berufsethos durch die medizinische Wissenschaft (1991)"

GRIN Verlag

Bibliografische Information der Deutschen Nationalbibliothek:

Die Deutsche Bibliothek verzeichnet diese Publikation in der Deutschen National-
bibliografie; detaillierte bibliografische Daten sind im Internet über http://dnb.d-
nb.de/ abrufbar.

Dieses Werk sowie alle darin enthaltenen einzelnen Beiträge und Abbildungen
sind urheberrechtlich geschützt. Jede Verwertung, die nicht ausdrücklich vom
Urheberrechtsschutz zugelassen ist, bedarf der vorherigen Zustimmung des Verla-
ges. Das gilt insbesondere für Vervielfältigungen, Bearbeitungen, Übersetzungen,
Mikroverfilmungen, Auswertungen durch Datenbanken und für die Einspeicherung
und Verarbeitung in elektronische Systeme. Alle Rechte, auch die des auszugsweisen
Nachdrucks, der fotomechanischen Wiedergabe (einschließlich Mikrokopie) sowie
der Auswertung durch Datenbanken oder ähnliche Einrichtungen, vorbehalten.

Impressum:

Copyright © 2004 GRIN Verlag GmbH
Druck und Bindung: Books on Demand GmbH, Norderstedt Germany
ISBN: 978-3-656-20415-2

Dieses Buch bei GRIN:

http://www.grin.com/de/e-book/46618/analyse-von-robert-spaemann-die-heraus-
forderung-des-aerztlichen-berufsethos

GRIN - Your knowledge has value

Der GRIN Verlag publiziert seit 1998 wissenschaftliche Arbeiten von Studenten, Hochschullehrern und anderen Akademikern als eBook und gedrucktes Buch. Die Verlagswebsite www.grin.com ist die ideale Plattform zur Veröffentlichung von Hausarbeiten, Abschlussarbeiten, wissenschaftlichen Aufsätzen, Dissertationen und Fachbüchern.

Besuchen Sie uns im Internet:

http://www.grin.com/

http://www.facebook.com/grincom

http://www.twitter.com/grin_com

Eberhard – Karls – Universität Tübingen

Evangelisch-theologisches Seminar

Sommersemester 2004

EPG II (interdisziplinär)/HS Systematik: *Die ethische Dimension in den Naturwissenschaften*

EPG II
Ausarbeitung des Referats

Analyse von Robert Spaemann,

„Die Herausforderung des ärztlichen Berufsethos

durch die medizinische Wissenschaft (1991)"

Spanisch/ ev. Theologie/ Französisch

5. Fachsemester

Inhaltsverzeichnis

1. Einleitung

Der im Jahre 1991 von dem Philosophen und katholischen Theologen Robert Spaemann (*1927) verfasste Aufsatz „Die Herausforderung des ärztlichen Berufsethos durch die medizinische Wissenschaft" stellt einen Beitrag zur methodischen Reflexion der medizinischen Ethik im Zuge der modernen Wissenschaft dar. In zwei Schritten erörtert Spaemann zunächst das Verständnis eines moralischen Standpunktes per se und stellt einige Bereiche aus der Medizin vor, in denen seiner Ansicht nach neue ethisch-moralische Standards entwickelt werden müssen. Seine Intention ist die Anregung zu einer einmaligen Zusammenarbeit von Geisteswissenschaftlern und Ärzten, die allgemeingültig verwendbare und etablierbare Normen für die ärztliche Tätigkeit entwickeln sollen. Er strebt dabei eine Partikularisierung und situationsspezifische Definition des Berufsethos im Allgemeinen an und weist dessen Grenzen und Gefahren in einer „Totalisierung von Verantwortung" auf. Anhand der Erläuterung der Beziehung von ärztlicher Praxis und medizinischer Wissenschaft entwickelt Spaemannn ein konzeptuelles Modell für die Handlungsweisen des Arztes gegenüber seinem Patienten und der ständig fortschreitenden Wissenschaft. Indem er die biotechnologische Genchirurgie begründet ablehnt, entwickelt er einen für den Arzt angemessenen Verantwortungsbegriff gegenüber dem Patienten als „Person". Der Zusatz aus zwei Vorträgen enthält weitere Begründungen, die sein Verständnis des ärztlichen Berufsethos methodisch untermauern und im natürlichen Gleichgewicht der Natur, d.h. dem Gesetz von Leben und Vergehen, verorten.

Im Folgenden möchte ich nun den theoretischen Ansatz und Aufbau des Artikels im Detail analysieren und seine Voraussetzungen, Argumentation und Ergebnisse kritisch beleuchten, um zu einer eigenen Beurteilung des Aufsatzes im Zusammenhang mit der medizinischen Ethik zu gelangen.

1.1 Begriffsklärung – 'ärztliches Berufsethos'

Geschichtlich wurzelt der traditionelle Berufsbegriff wesentlich in dem von Reformatoren formulierten protestantischen Berufsethos. Danach sollte jeder seinem Stand und seinen Fähigkeiten entsprechend „beruflich" tätig werden, um so Gott und den Mitmenschen zu dienen. Innerhalb der Gesellschaft übt ein Berufsinhaber aber nicht nur eine spezialisierte Dienstleistung für das Gemeinwesen aus, er entwickelt gleichzeitig eine innere Bindung an den Funktionsausschnitt der eigenen Tätigkeit im Gefüge der arbeitsteiligen Welt. Die ethische Reflexion der Berufsarbeit ist das Resultat aus der Verpflichtung und Verantwortung, die sich aus der „Berufung" ergeben.[1] Da insbesondere der Arzt in seiner Rolle als Mediziner, Seelsorger, Berater, Pädagoge und Betriebswirt einen hohen Grad an spezialisierter Selbstverpflichtung eingeht, besteht zudem ein breites öffentliches Interesse an einer Bindung des Experten an moralische Grundsätze. Die medizinische Ethik hat so gesehen ihren Ursprung

---

[1] Vgl. Bibliographisches Institut & F. A. Brockhaus AG: *Der Brockhaus in Text und Bild 2002*, Art. „Beruf – Berufsethos".

bereits in der griechischen Antike bei dem Begründer der wissenschaftlichen Medizin, dem Arzt Hippokrates. In verschiedenen Schriften des „Corpus Hippocraticum", vor allem im so genannten hippokratischen Eid, wird die sittliche Gesinnung und Haltung des Arztes als Vorraussetzung für den Beruf definiert. „Vorrang des Heiles oder der Interessen des Kranken, Verbot zweifelhafter oder gefährlicher Behandlungsmethoden und Selbstverpflichtung des Arztes zu ehrenhaftem und professionellem Verhalten sind seine normativen Bereiche."[2] Der hippokratische Eid wurde in der Entfaltung der Ärztezunft immer wieder modifiziert und ist noch heute Vorbild des Ärztegelöbnisses.

2. Darstellung und Analyse von Robert Spaemann, „Die Herausforderung des ärztlichen Berufsethos durch die medizinische Wissenschaft (1991)"

Dank des Fortschrittes der biologischen und medizinischen Wissenschaften und Technologien verfügt der Mensch über immer wirksamere therapeutische Mittel. Doch damit erwirbt er auch neue Macht, die unvorhersehbare Folgen und Konflikte für das menschliche und berufliche Leben haben kann, sodass das Berufsethos des Arztes durch die neuen Errungenschaften in Teilen ständig erschüttert wird. Das alltägliche, regulierende Berufsethos bedürfte gar keiner näheren Betrachtung, käme es nicht wiederholt zu Einbrüchen ins Gewohnte und zu Störungen, die eine bewusste Bearbeitung durch Reflexion und Beurteilung erzwingen. Getreu dem Goethezitat – „Mit einem Herren steht es gut. Der, was er befohlen, selber tut. Tu nur das Rechte in deinen Sachen. Das andre wird sich von selber machen."[3] – hat das Berufsethos die Funktion, den Handelnden von der dauernden Reflexion über die sittlichen Grundlagen seiner Verpflichtung zu entlasten und ihm so die gewohnte Arbeit erst zu ermöglichen. Allerdings setzt dies voraus, dass das 'Rechte in deinen Sachen' selbstverständlich ist. In solch einem Zustand völliger Beständigkeit und Normalität würde das Berufsethos formal der lex artis entsprechen. In der Realität aber ändern sich mit progressiver wissenschaftlicher Erkenntnis die Bedingungen für die lex artis, die daraufhin immer wieder angeglichen werden muss. Darüber hinaus wird sie relativiert, weil wir uns über die Verschiedenheit der Methodenansätze von Schulmedizin, Homöopathie und chinesischer Medizin bewusst sind. In ähnlicher Art und Weise erfährt auch das Berufsethos Einschnitte in das Alltägliche aus zweierlei Richtungen. Zum einen werden mit der Möglichkeit neuer, effizienterer Behandlungsmethoden die Kriterien berechtigten und unberechtigten Handelns wiederholt zur Diskussion gestellt. Das Gebot des Altertums nil noceri setzt voraus, dass man genau weiß, wo und wie der Schaden verhindert werden kann. Heutzutage steht der Arzt allerdings vor der Entscheidung, verschiedene potentielle Schädigungen des Organismus gegeneinander abzuwägen. Eine besondere Schwierigkeit ergibt sich in dieser Hinsicht bei sehr komplizierten Situationen, in denen konkurrierende menschliche Belange und Werte im Spiel sind. Zum anderen kann auch der

---

[2] Paul Sporken: „Art. Medizinische Ethik", in: *Lexikon. Medizin, Ethik, Recht*, Sp. 711.
[3] Johann W. von Goethe: „Sprichwörtlich", in: ders., *Vollständige Ausgabe letzter Hand*, Bd. 1-4: Gedichte.

gesellschaftliche Konsens als ethische Basis des Berufsethos von der Überzeugung des Arztes so weit abweichen, dass dieser sich von innen her verpflichtet fühlt, ihn abzulehnen, wie dies im „Dritten Reich" oft geschah. Spaemann sieht darin eine doppelte Herausforderung, zu der er Philosophen auf den Plan ruft, da sie bei der ethischen Behandlung der Problematik behilflich sein können. In diesem Sinne soll sein Aufsatz einen Anstoß zur gemeinsamen Entwicklung von Standards geben, die eine weitere Involvierung von Philosophen in den Ärztealltag überflüssig machen.

Die Opposition, die in Bezug auf eine Festlegung moralischer Standards erhoben werden kann, versucht Spaemann zu entkräften, indem er ihr die Gefahren des historischen Relativismus entgegenhält. Ethische Prinzipien müssen zwangsläufig unbedingte Gültigkeit haben, wenn sie nicht bloß als Optionen in einer Reihe gleichberechtigter und gleichbewerteter Möglichkeiten gesehen werden wollen, die eine moralische Beurteilung ausschließen. „Der Metagesichtspunkt, den wir den 'ethischen' nennen, ist entweder universalistisch, oder er ist nur eine überflüssige Verdopplung der Handlungsmaximen, die wir aus irgendwelchen Gründen sowieso haben und die wir überflüssigerweise noch mit moralischen Ausdrücken überhöhen."[4] Die ethische Beurteilung thront über den konkurrierenden Werten in einer spezifischen Situation. Daher ist sie als Entscheidungsinstanz absolut, d.h. losgelöst von der Situation, und hat die Aufgabe, die im Konflikt stehenden Werte in eine der Sache angemessene Ordnung zu bringen. Unsittliche Entscheidungen sind im Prinzip unsachliche Entscheidungen, die aus Eigennutz, Altruismus, Leidenschaft, Faulheit oder einer ideologischen Verzerrung entspringen. Aus diesem Grund kann das Gewissen nicht als Maßstab herangezogen werden, da es wie in letzterem Falle verformt sein kann. Die Ethik darf keine Kompromisse schließen, sondern nur über solche urteilen, indem sie die Rangordnung der Werte offen legt und somit deren Kontroversen auflöst. Eine solche humane Sittlichkeit ist nach Spaemann allerdings nur möglich, wenn der Verantwortungsbegriff im Berufsethos als partikularisierter verstanden wird. Neben dem Argument der Reflexionsentlastung verweist Spaemann auf Thomas von Aquin „Über die Sittlichkeit der Handlungen" Quaestio 19, 10 aus der „Summa Theologica", um seine These zu konsolidieren. Der Mensch erfasst die Dinge mit seiner Vernunft. Aus dieser leitet sich seine Sittlichkeit als dem ontologisch Naturgemäßen ab. Das Gute, das der Mensch will, ist durch seine soziale Perspektive bestimmt. Im Falle einer Gerichtsverhandlung hat der Richter dafür zu sorgen, den Verbrecher zu bestrafen, wohingegen dessen Frau ihre Pflicht darin zu sehen hat, ihren Mann vor der Strafe zu schützen. Jeder erfüllt dabei sein erfassungsbedingtes, spezifisches Gute. „Das Gut der ganzen Welt ist nun aber das, was von Gott erfasst wird, [...]. Daher will er alles, was er will, im Blick auf das [...] Gut der ganzen Welt."[5] Nun kann das Handeln eines Menschen dem Willen Gottes in inhaltlicher Hinsicht widersprechen, in formaler muss es seinem Willen allerdings angeglichen sein. Das bedeutet, dass der moralische

---

[4] Robert Spaemann: „Die Herausforderung des ärztlichen Berufsethos durch die medizinische Wissenschaft (1991)", in: ders., *Grenzen. Die ethische Dimension des Handelns*, S. 338.
[5] Thomas von Aquin: *Über die Sittlichkeit der Handlung, Sum. Theol. I - II q. 18 – 21. Einleitung von Robert Spaemann. Übersetzung und Kommentar von Rolf Schönberger*, S. 117.

Standpunkt kein Gottesstandpunkt ist, sondern in einem gewissen Verhältnis dazu steht, das in der Hinordnung auf das letzte Ziel, die Liebe, verstanden werden kann. Wer in der konkreten Situation unter dem Aspekt des Guten handelt, handelt in Übereinstimmung mit Gott. Der Mensch, der etwas will, will es nicht per se, sondern nur wenn Gott es so will. Das bedeutet, dass auch in inhaltlicher Hinsicht das Wollen als Zweckursache von Gott kommt, der uns von der absoluten Verantwortung für die Unendlichkeit des Weltprozesses entlastet und durch Vergebung jeder bereuten Schuld sittlichen Neubeginn ermöglicht.[6]

Unter Berücksichtigung dieser Argumentation entspräche eine Verpflichtung für die Gesamtsituation der Welt, die keinem zugänglich ist, einem Verantwortungstotalitarismus, der ein partikularisiertes Berufsethos verkennt. Niemand kann für alles die Verantwortung übernehmen, sondern nur in seinem spezifischen Bereich zu einer bestimmten Situation. Jeder Beruf sei es der des Arztes, Juristen oder Soldaten, dient zwar immer dem Ganzen, also der Gemeinschaft und seinen politischen Vertretern, er hat aber doch stets selbstverantwortlich ausgeübt zu werden. Das bedeutet, dass die Ehre, sprich das Berufsethos, einzig und allein aus der Eigenverantwortung resultiert. Denn erst die Partikularisierung in differenzierte Bereiche mit spezifischer Verantwortung führt zu einem Zustand ausgewogenen Wohlstandes innerhalb der arbeitsteiligen Lebensgemeinschaft.

Eine Verwirrung in dieser Hinsicht hat auch die Vermischung der Begriffe 'Verantwortungsethik' und 'Gesinnungsethik' bewirkt. Max Weber bezieht die beiden Begriffe auf die Politik: Gesinnungsethik sei eine ethische Maxime, welche sich an der Richtigkeit der eigenen Überzeugungen orientiere und diese rücksichtslos forciere. Wenn die Folgen seines Tuns negativ seien, würde der Gesinnungsethiker die Dummheit, die Welt oder ihren Schöpfergott dafür verantwortlich machen. „Der Verantwortungsethiker dagegen rechnet mit eben jenen durchschnittlichen Defekten der Menschen [...]"[7] und übernimmt Verantwortung in seinem Handlungsbereich. Verantwortungsethik wird heute oftmals im Sinne eines „Konsequentialismus" verstanden, bei dem ethisches Handeln sich am besten aller möglichen Ergebnisse orientiert. Insofern handelt es sich in diesem Fall aber eher um eine Gesinnungshaltung, die eigentlich wie bei Thomas von Aquin die Gottesperspektive ist. Zusammenfassend lässt sich konstatieren, dass Verantwortungsethik ohne Gesinnung bodenlos und Gesinnungsethik, die nicht auf die Folgen sieht, verantwortungslos ist. Daher lautet die entscheidende Frage: „Wer hat wofür Verantwortung?"[8] Für das Berufsethos des Arztes bedeutet das beispielsweise, dass ein Arzt keine Verantwortung für die Unkosten trägt, die ein Mensch verursacht, dem er das Leben gerettet hat.

Nach Spaemann ist heutzutage allerdings das ärztliche Berufsethos besonders durch die Wissenschaft herausgefordert. Ihr Verhältnis zueinander ist durch eine Asymmetrie charakterisiert. Während die medizinische Wissenschaft ausschließlich zum Zwecke des Arztes

---

[6] Vgl. ebd., S. 113–121.
[7] Max Weber: *Wissenschaft als Beruf 1917/1919. Politik als Beruf 1919*, S. 238.
[8] Robert Spaemann: „Die Herausforderung des ärztlichen Berufsethos durch die medizinische Wissenschaft (1991)", in: ders., *Grenzen. Die ethische Dimension des Handelns*, S. 341.

existiert, sind seine Erfahrungen nur zufälliges Substrat für die Wissenschaft. Die heutige Form des wissenschaftlichen Experimentes läuft allerdings Gefahr, die ärztliche Tätigkeit für sich zu instrumentalisieren und das Verhältnis umzukehren. Deshalb kann das Berufsethos mit dem wissenschaftlichen Anspruch in Konflikt geraten.[9]

Der Verantwortung des Arztes unterliegen stets nur der konkrete Patient und sein Wohl, nicht das Wohl zukünftiger Kranker, denen durch wissenschaftliche Forschung eventuell geholfen werden könnte. Somit „trägt [er] nicht die Verantwortung für die Folgen einer Unterlassung von Handlungen, die zu begehen er gar nicht befugt war."[10] Des Weiteren können die Grenzen des Machbaren auch von ökonomischer Natur determiniert sein. Eine humane Disposition der Verteilung von Behandlungsarten sollte jedem Menschen das „Normale" an Leistung gewähren. Um möglichst gerecht zu verfahren, sollte dessen Minimum tief angesetzt werden, sodass es den Status des „Natürlichen" erreicht.

Ein weiterer wichtiger Punkt für das Konstrukt des Berufsethos ist die Definition eines für den Arzt angemessenen Gesundheitsbegriffes. Spaemann erläutert, dass man weder für die Existenz eines Menschen, noch für seine qualitative Identität, d.h. seine konstitutiven Charaktereigenschaften, Verantwortung übernehmen kann. Was die Existenz betrifft, so kann der Arzt weder die Tötung, noch das Geborenwerden beeinflussen. Menschen werden nicht gemacht, sondern gezeugt, d.h. sie gehen aus der gleichen ursprünglichen Naturwüchsigkeit hervor wie alle Lebewesen auf dieser Erde. Da dies ein natürlicher Prozess ist, darf er nicht künstlich erzeugt oder verlängert werden, um so die Existenz eines Lebewesens zu erzwingen. Der Arzt steht im Dienst von „Personen", er hat keine Vollmacht, über sie zu verfügen. Ein Recht auf ein Kind gibt es nicht, da es nicht etwas Geschuldetes ist und deshalb auch nicht aus der Retorte produziert werden darf.

Das Haben eines „Soseins" ist die Weise, wie Personen sind. Mit seiner qualitativen Veranlagung kann jeder Mensch anders umgehen, er kann sie verändern und gestalten (behavioristischer Ansatz). Jeder Mensch ist immer ein „bestimmter" Mensch, ein Individuum. Diese Bestimmtheit, seine charakterliche Natur, muss geachtet und in sie darf nicht interveniert werden. Daher bedarf es im Umgang mit Menschen einer genauen Reflexion. Es gibt die Position (CIBA-Symposion in den 60er Jahren), dass die Natur eine zufällige ist, die durch gezielte Eingriffe gelenkt und besser an die Bedingungen und Aufgaben im Leben angepasst werden kann. Spaemann nimmt zu dieser Position Stellung, indem er drei Arten der Genchirurgie vorstellt und sie begründet ablehnt.

Mit Rückgriff auf Hans Jonas weist Spaemann das Klonen, als ein unrechtmäßiges, künstliches Erzeugen von einer Existenz und ihrem inneren Wesensgesetz aus. Da ein Klon ein

---

[9] Spaemann nennt das Beispiel eines Medikamententests. Darf ein Arzt, um ein wissenschaftlichen Versuch korrekt durchzuführen, das Wohl seiner Patienten gefährden, indem er bewusst schädliche Medikamente verabreicht oder nützliche vorenthält?

[10] Robert Spaemann: „Die Herausforderung des ärztlichen Berufsethos durch die medizinische Wissenschaft (1991)", in: ders., *Grenzen. Die ethische Dimension des Handelns*, S. 343. Dies gilt sowohl für Fragen der Organentnahme als auch der Abtreibung.

zeitlich versetzter Zwilling ist, hat er nicht die Möglichkeit, sich frei und unabhängig von seinem Vorgänger zu entfalten. Er nennt ebenfalls mehrere Argumente, die gegen einen Eingriff in die Keimbahn eines Menschen zum Zwecke seiner Optimierung sprechen. Zunächst ist rationale Planung dem natürlichen Ablauf von Prozessen immer unterlegen. Das konnte man in der Vergangenheit in der Ökonomie bereits mehrfach beobachten. Während auf diesem Gebiet die Konsequenzen der Interventionen jedoch langsam wieder rückgängig gemacht werden können, ist ein Eingriff in das Genmaterial eines Menschen irreversibel. Selbst bei genauester Planung und schrittweisem Vorgehen der Genmanipulation, kann man nicht damit rechnen, langfristig Vereinfachungen oder Verbesserungen zu erzielen, sondern erhöht das Potential an möglichen Wechsel- und Folgewirkungen zusätzlich. Das kann Folgen haben, die nicht vorhersehbar und möglicherweise in der Zukunft auch nicht mehr zu manövrieren sind. Darüber hinaus stellt sich die Frage, nach welchen Kriterien solche Eingriffe überhaupt vorgenommen werden sollten. Die Präferenzen und Aspirationen einer Generation würden das Sosein der kommenden Generationen zwangsläufig normativ festlegen. Spaemann spricht von einer „Verewigung der Herrschaft der Toten über die Lebenden"[11] Dabei würde der Mensch radikal objektiviert und dies suggeriert die Befürchtung, dass eine Elite der Wissenden sich die breite Masse der Menschen zum Objekt ihrer Herrschaft machen könnte. In dem Roman „Das Thanatossyndrom" von Walker Percy wird vorgeführt, dass diese Methode des Eingriffs in die Persönlichkeit eines Menschen nicht nur zu melioristischen, sondern auch zu kriminellen Zwecken genutzt werden kann.

Bei Kant lesen wir: „[...]: so, daß der Mensch so wohl sich selbst, als auch jeden anderen Menschen, sich als seinen Zweck zu denken verbunden ist, (die man Pflichten der Selbstliebe und Nächstenliebe zu nennen pflegt) welche Ausdrücke hier in uneigentlicher Bedeutung genommen werden; weil es zum lieben direkt keine Pflicht geben kann, wohl aber zu Handlungen, durch die der Mensch sich und andere zum Zweck macht."[12] Mit dem von Kant begründeten Selbstzweckcharakter des Menschen als sittlicher Grundlage, können wir uns nicht anmaßen, die Identität eines Menschen zu konstruieren. Da niemand die Identität eines anderen verantworten kann, kann auch niemand dessen schlechte Seiten verantworten und sich zu ihrer Manipulation verpflichtet fühlen. Spaemann expliziert im Folgenden die Differenzierung der Genchirurgie zur Einwirkung durch Erziehung. Diese wirkt auf den Menschen als Ganzen ein und lässt ihm immer die Möglichkeit offen, nicht gefördertes Potential allmählich zu entwickeln. Bei der Gentherapie hingegen wird ein einzelnes Gen-Element isoliert, ohne zu wissen, wie sich die Interferenz auf das Individuum als Ganzes oder in der Gesellschaft auswirkt. Glücklicherweise verbietet die heutige Gesetzgebung sowohl das Klonen als auch die Intervention in die Keimbahn eines Menschen. Dennoch gibt es Tendenzen zu einer

---

[11] Ebd., S. 348.
[12] Immanuel Kant: *Metaphysische Anfangsgründe der Tugendlehre* (Zweyter Theil. Die Metaphysik der Sitten. In zwey Theilen), S. 54.

Liberalisierung, die nicht nur der Analyse bedürfen, sondern auch der Überlegung, was ohne entsprechende Gegenkräfte, wie diesem Text, geschähe. Eine andere Bewertung erfährt die somatische Gentherapie zum Zwecke der Heilung erblicher Defekte. Für Menschen, deren Leben durch die Erkrankung soweit von der Normalität abweicht, dass ihre Lebensqualität nahezu null beträgt, muss alles zurzeit Menschen- und Technologischmögliche getan werden. Daher ist das Ziel dieses Bereiches der Gentechnik erstrebenswert, insofern ihre Vorgehensweise im Rahmen des Erlaubten bleibt. Und da „verbrauchende Embryonenforschung" für die Entwicklung dieser Medizin benötigt wird, ist sie für Spaemann ebenfalls keine menschenwürdige Option.

Die Frage der Euthanasie gibt immer wieder Anlass, über das ärztliche Berufsethos nachzudenken. Die Unterscheidung zwischen direkter und indirekter Sterbehilfe sollte nach Spaemanns Ansicht aufrecht erhalten bleiben. Die Abwägung zwischen gegebenenfalls noch vorhandenem Lebenswillen und menschenwürdigem Tod sind in einigen Fällen nur schwer vorzunehmen. Dabei wird oft konstatiert, dass Ärzte in solchen Fällen besonders sensibel und überlegt handeln. Auch wenn die Beratung in Ethikkommissionen in vielerlei Hinsicht nützlich ist und zu einer objektiven Lösung mancher Fragen beiträgt, darf ein Arzt sein Gewissen nicht bei ihr „abliefern". Sein Berufsethos gebietet ihm, Eigenverantwortung in fachlicher und ethischer Hinsicht zu übernehmen. Zwischen Arzt und Patient herrscht ein entsprechendes Vertrauensverhältnis, das voraussetzt, dass der Arzt nach bestem Wissen und Gewissen handelt. Dies impliziert selbstverständlich, dass der Arzt immer bereit ist, sich fachlich weiterzubilden und uneigennützig zu handeln. Genauso sieht es im Falle seiner ethischen Urteilskraft aus. Es bedarf auch hier einer Gewissensbildung und diese muss nach Möglichkeit noch stärker in die medizinische Ausbildung integriert werden. Unter Partikularisierung des Berufsethos soll nicht verstanden werden, dass auf der einen Seite ein Ethiker und auf der anderen ein Arzt Hand in Hand arbeiten. Vielmehr müssen beide Funktionen in einer Person komplettiert werden. Das Berufsethos meint also die Ausbildung zur Selbstreflexion und die Fähigkeit, sich ein ethisch-moralisches Urteil bilden zu können. Die Not der Ärzte, ständig hinter der rasanten Entwicklung der Wissenschaften „hinterherzuhinken", ist ein allgemeines Problem der Moderne, aus dem auch Spaemann keinen Ausweg sieht, außer in der ständigen Kommunikation miteinander. „Es kann bei den immer neuen Überlegungen nicht um einen Wandel des Guten gehen, nicht um sogenannten Wertewandel, sondern um die Anwendung elementarer sittlicher Einsichten auf neue Gegebenheiten."[13] Die neuen medizinischen Methoden bedürfen einer ständigen Beurteilung durch das Berufsethos, das sich über die Risiken der neuen Technologien bewusst werden muss. Oberste Priorität hat daher die bewusste Auseinandersetzung mit den sittlichen Einsichten unserer Gesellschaft.

---

[13] Robert Spaemann: „Die Herausforderung des ärztlichen Berufsethos durch die medizinische Wissenschaft (1991)", in: ders., *Grenzen. Die ethische Dimension des Handelns*, S. 351.

Die „Vergegenständlichung der eigenen Subjektivität in der Erinnerung ist die Voraussetzung dafür, daß Subjekte einander objektiv werden können, und zwar als Subjekte."[14] Allerdings läuft das heutige Erkenntnisinteresse Gefahr, den Subjektstatus des Menschen aufzulösen und ihn als einen sich selbst reproduzierenden Aggregatzustand eines materiellen Substrates zu betrachten. Auf der anderen Seite wird der Innenaspekt überbetont und frei vom Körper behandelt. Die Angst vor der Entanthropomorphisierung des Menschen, die daraus resultiert, ist keinesfalls abwegig, wenn man zudem beachtet, dass Leidverminderung immer häufiger den höchsten Rang unter den Werten einnimmt, dem das einzelne Leben untergeordnet wird. Die Kritik am Fortschritt und die ständige Einzelfallprüfung können nach Spaemann als die eigentlichen Errungenschaften einer „humanen Humanmedizin" angesehen werden. „Verlangsamen bedeutet Zeitgewinn"[15] und sollte nicht in der Resignation enden. Es wird soviel getan wie nötig, aber eben nicht immer wie möglich. Auch wenn es ein anthropologisches Grundverlangen ist, den Verfall und das Sterben aufzuhalten, wird sich das Naturgesetz nicht verändern. „Niemand weiß das besser, scheint mir, als der Arzt. [...] Denn am Ende steht der Tod. Aber er hat sich entschieden, dem Leben zu dienen."[16]

2.1 Kritische Auseinandersetzung mit dem vorgestellten Inhalt

Menschliche Lebensbewältigung impliziert immer ein gewisses Maß an Naturbeherrschung. In der europäischen Neuzeit haben wir eine neue, einzigartige Entwicklungsstufe erreicht, die in einer ungeahnten Effizienz der Herrschaft über die Natur gipfelt. Das heutige Erkenntnisinteresse ist nicht mehr nur auf das Verstehen beschränkt, sondern fragt danach, wie man sich das Untersuchte nutzbar machen kann.[17] Vor allem in der medizinischen Wissenschaft muss mit den Methoden und Ergebnissen einer derartigen Objektivierung unserer Umwelt und unserer Mitmenschen reflektiert umgegangen werden. Das Berufsethos des Arztes sollte die Frage beantworten, wo die Kriterien berechtigten und unberechtigten Handelns im Arbeitsalltag liegen, um dem Arzt überhaupt Handlungsfähigkeit zuzugestehen. Die Arbeitsaufteilung zwischen Arzt und Wissenschaftler enthebt keinen der beiden von seiner Folgeverantwortung für das Ganze. Ein partikularisiertes Berufsethos, das aus der Spezialisierung in der Arbeitswelt resultiert,[18] kann nicht bedeuten, dass jeder nur in seinem Handlungszusammenhang bleibt, sondern muss auch die Folgen des Tuns im System der Welt abschätzen. Das Berufsethos steht in einem Kontext von Beziehungsverpflichtungen. Der Arzt ist nicht nur seinem unmittelbaren Patienten verpflichtet, sein Handeln wirkt sich auch auf die Wissenschaft und die Gesellschaft

---

[14] Robert Spaemann: „Wirklichkeit als Anthropormophismus", in: Bayern 2000 (Hg.), *Was heißt „wirklich"?: Unsere Erkenntnis zwischen Wahrnehmung und Wissenschaft*, S. 18.

[15] Robert Spaemann: „Die Herausforderung des ärztlichen Berufsethos durch die medizinische Wissenschaft (1991)", in: ders., *Grenzen. Die ethische Dimension des Handelns*, S. 352.

[16] Ebd.

[17] Vgl. Instruktion der Kongregation für die Glaubenslehre: *Die Unantastbarkeit des menschlichen Lebens. Zu ethischen Fragen der Biomedizin. Mit einem Kommentar von Robert Spaemann*, S. 69 ff.

[18] Vgl. Kapitel 1.1.

aus. Indem er bestimmte Methoden ablehnt oder bejaht, kann er deren Akzeptanz beeinflussen. Daher sollte ein gewisses ethisches Bewusstsein seine ganze Tätigkeit begleiten.

Solch ein Bewusstsein differenziert aber nicht zwischen einem Ethiker auf der einen Seite und dem Arzt auf der anderen. Der Arzt darf sich in ethischen Fragen nicht einfach auf einen Philosophen oder eine Ethikkommission verlassen. Es ist unverantwortlich, wenn Entscheidungsträger ihre Verantwortung an Gremien abtreten. Denn diese sind im Einzelfall gar nicht kompetent dafür, wenn man beachtet, wie viele verschiedene philosophische Theorien und Konzepte es beispielsweise im Bezug auf den Beginn des Lebens gibt. Aber die Philosophen spielen die Rolle der Anwälte in einem „inneren" Gerichtsprozess, der zu einer Entscheidung kommen muss. Eine Seite kann dabei einen besonders guten „Anwalt" haben und dennoch für eine spezielle Entscheidung im ärztlichen Berufsfall im Unrecht sein. In Fragen der Moral gibt es eben keinen privilegierten Zugang, Ethik kann nicht professionalisiert werden, auch nicht durch ein Berufsethos.[19] Daraus resultiert, dass der Arzt Eigenverantwortung trägt, sich moralisch zu bilden, um in der konkreten Situation zu entscheiden. Daher würde ich auch eine sorgfältige Separation zwischen der lex artis und dem Berufsethos vorschlagen. Ethik und Recht sind zum einen eng miteinander verbunden; beide sollten die humanen Grundwerte einer Gesellschaft bewahren und das Berufsethos hat sich in gewisser Weise auch an das Recht zu halten. Zum anderen sind die beiden aber dennoch nicht identisch. Die Ethik betrifft primär die innere Haltung, d.h. die innere Verantwortlichkeit und Ehre der handelnden Person. Sie muss universelle Gültigkeit besitzen. Das Recht zielt eher auf das äußere Handeln und kann interpretiert werden. Auch wenn das Recht mit Zwangsmitteln und Sanktionen herrscht, kann es nötig sein, dass sich ein Arzt in einer spezifischen Situation gegen das herrschende Recht stellt und auf seine innere Stimme hört. Die Standards, die in der Zusammenarbeit von Philosophen, Juristen und Ärzten gefunden werden sollen, dürfen also nicht normativ, d.h. keine lex artis sein, sondern sie sollen fundamentale ethische Errungenschaften als unantastbare menschliche Werte sicherstellen.

Das Menschenbild ist der Ausgangspunkt für derartige ethische Überlegungen. Spaemann definiert dies, indem er begründet, dass niemand die Existenz oder qualitative Identität eines anderen verantworten kann. Der moralische Gesichtspunkt muss also auf den Menschen terminiert sein und ihm seinen von Kant begründeten Selbstzweckcharakter zugestehen. Daher ist es fraglich, ob – wie in dem Text vorgeschlagen – eine einmalige interdisziplinäre Zusammenarbeit genügt, um feste Standards für den Berufsalltag zu finden. Vielleicht sollte diese kontinuierlich fortgeführt werden, um beispielsweise in einer Zeitschrift ihre Ergebnisse regelmäßig zu präsentieren. Vor allem die neuen Errungenschaften und Anwendungen der Medizin, wie die Genchirurgie, sollten nicht nur von Seiten einer ethischen Strömung reflektiert werden. Eine Art Portal könnte dem Arzt die Möglichkeit geben, verschiedene Argumente

---

[19] Vgl. Robert Spaemann: „Sind alle Menschen Personen?", in: Walter Schweidler, Herbert A. Neumann, Eugen Brysch (Hg.), *Menschenleben – Menschenwürde. Interdisziplinäres Symposium zur Bioethik. Mit Beiträgen von R. Spaemann, D. Birnbacher, W. Höfling, H.M. Sass, A. Shewmon, u.a.*, S.50.

unterschiedlicher Meinungen in seine Urteilsbildung einzubeziehen.[20] Letztendlich liegt es dann in der Verantwortung des einzelnen Arztes sich mit den Urteilen auseinanderzusetzen und sich moralisch weiterzubilden.

Spaemann rekurriert auch auf die Argumentation, dass eine Rangordnung der Werte, die der Sache angemessen ist, in jeder Situation gefunden werden kann. Allerdings ist die klassische Dilemmasituation gerade so beschaffen, dass gleichrangige Werte miteinander in Konflikt geraten. Egal für welchen man sich entscheidet, man wird einen der Werte, den man selbst für relevant hält, verletzen müssen. Daher kann eine solche Rangordnung nicht absolut festgelegt werden, sondern ist stets eine persönliche Entscheidung des Arztes in einer konkreten Situation.[21] Dabei ist er verpflichtet, die Standards, die Ethikkommission und die betroffenen Personen im Konflikt zu Rate ziehen, um sachgerecht zu entscheiden. Der moralische Gesichtspunkt ist nach diesem Schritt in der Tat ein Metagesichtspunkt, weil er als Urteil des Arztes aus seiner Verantwortung heraus eingenommen wird. Des Weiteren nennt Spaemann Fälle, in denen man eine Existenz nicht erzwingen darf, weil sie eine „naturwüchsige" ist und nicht vom Menschen gemacht werden kann. Dieses Argument stützt die Ablehnung der In-vitro-Befruchtung. Problematisch ist seine These aber im Falle einer künstlichen Ernährung, bei der man in bestimmten Situationen zu einer anderen Ansicht gelangen kann. Die künstliche Ernährung bei einem jungen, magersüchtigen Menschenleben, das dadurch vielleicht seine letzte Chance für einen Neubeginn erhält, ist eventuell anders zu bewerten als bei einem Leben in den „letzten Zügen", bei dem der Arzt zu der Entscheidung kommt, dass keine Lebenskraft mehr vorhanden ist. Eine solche Einzelfallprüfung setzt nicht nur fachliche, sondern auch ethische Kompetenz voraus. Der Arzt kommt aus der Verantwortung nicht heraus. Er kann sich die Frage stellen, was das Berufsethos in der Entscheidungsfindung leistet. Er muss sich aber auch klar machen, wovon es beeinflusst sein kann, beispielsweise von einer ideologischen Verzerrung durch die Wissenschaft, den Staat oder die Gesellschaft.

Der Text geht meines Erachtens zu wenig auf die Eigenverantwortung des Arztes ein, die bereits in der Ausbildung „trainiert" werden sollte. Das Fach „Medizinische Ethik" ist an deutschen Hochschulen noch nicht etabliert. Dasselbe gilt für interdisziplinäre Veranstaltungen und soziologische Begleitforschungen zur Medizin, die in noch größerem Rahmen ausgerichtet werden könnten. Der Arzt muss sich darüber bewusst sein, dass die Wirklichkeit, mit der er konfrontiert ist, von dem Patienten, d.h. dem Menschen ausgeht. Stellen wir uns vor, ein Mann läge im Sterben. Die Ärzte diagnostizieren, dass er keine Schmerzen habe und ihnen auch nicht mehr zuhören könne. De facto ist dies aber nicht der Fall. Er stirbt und kein Arzt kennt die eigentliche Wahrheit des verstorbenen Patienten. Das exemplifiziert, dass kein ärztlicher

---

[20] Die Stellungnahme Spaemanns zu den verschiedenen Arten der Genchirurgie kann einen solchen Beitrag zur Urteilsbildung leisten. Allerdings sollte seine Position nicht die einzige sein, die das Berufsethos des Arztes geltend konstituiert.

[21] Dabei kann der Arzt nur nach seinem besten Wissen und Gewissen handeln. Seine Entscheidung ist so gesehen weder gut, noch schlecht. Auch nicht, wenn er sich zu einem späteren Zeitpunkt anders entscheiden würde. Er kann nicht mehr tun, als in diesem konkreten Moment eine überlegte und begründete Entscheidung für einen der im Konflikt stehenden Werte zu treffen.

Befund absolut ist, sondern allein der Mensch und seine Wahrnehmung für die ärztliche Tätigkeit Wahrheit beanspruchen dürfen.

Extreme Situationen könnten es erfordern, dass ein Arzt die Grenzen des gesetzlich oder ethisch Erlaubten mit gutem Gewissen übertritt. Ein Exempel hierfür wäre die Entnahme von Haut eines Toten auf Grund eines Engpasses in einem Krankenhaus, um einem anderen Patienten, der im Sterben liegt, das Leben zu retten. Der Arzt handelt aus dem persönlichen Empfinden heraus, dem konkreten, noch lebenden Patienten seine Rettung zu schulden, auch auf Kosten der Totenruhe des anderen. Spaemann würde diese Handlungsweise negieren, da der Arzt nicht für etwas Verantwortung trägt, wofür er nicht legitimiert ist, es zu verändern. Allerdings ist dies etwas zu kurz gedacht. Denn das Handeln des Arztes geschieht stets nach seinem besten Gewissen. Zudem formiert sich sein Handeln in einem Kontinuum von Ereignissen, das ihm die Möglichkeit offen lässt, die Angehörigen des Toten sofort nach der Hautentnahme zu informieren und sich vor ihnen und dem Gesetz zu verantworten – vor seinem Gewissen hat er dies bereits getan. „[...] er hat sich entschieden dem Leben zu dienen.'[22]

2.2 Abschlussbewertung des ärztlichen Berufsethos

Die Berufsethik ist meines Erachtens eine Orientierungshilfe. Sie kann als aktives Orientierungsbemühen, das jeder verantwortlichen Berufsausübung inhärent ist, verstanden werden. Im Prinzip kommt sie aber nicht von außen, sondern ist ein innerer Prozess, der externe Strömungen aufnimmt und in der Entscheidung berücksichtigt. Die Eigenverantwortung des Arztes darf allerdings nicht so verstanden werden, dass sie sich allen Anweisungen und ethischen Prinzipien beliebig widersetzen darf. Eigenverantwortung bedeutet Bereitschaft zur ständigen Kommunikation, die Sensibilität für schwierige Entscheidungen generiert. Eben genau das meint die Verantwortungsethik im Sinne von Max Weber.

Nicht nur die Wissenschaft, auch die Ethik muss bereit sein, ihre Methoden und Ergebnisse offen zu legen und in eine Diskursgemeinschaft einzutreten. Ein Arzt muss die Möglichkeit haben, seine beruflichen Belastungen zu formulieren und sich mit anderen zu beraten. Die Berufsethik bedeutet für den Arzt als Mediziner, Seelsorger, Berater, Pädagoge und Betriebswirt, eine gewissenhafte Identität bilden zu können. Deshalb ist die Verantwortungsdebatte nicht als Tribunal zu gestalten, sondern als Diskurs. Dieser enthält die Komponenten „Begriff", „Argument" und „Abwägen". Hiefür ist Sprachkompetenz in ethischen Belangen nötig, die in ständiger Zusammenarbeit mit urteilssicheren Spezialisten in konstanter Fortbildung, sei es durch Lektüre oder Gespräche, ausgebildet werden kann. Eine Wertediskussion garantiert zwar weder Wahrheit noch Richtigkeit der Entscheidung. „Aber sie verlangt theoretische und praktische Fragen in einen inneren Zusammenhang zu bringen, der argumentativ vermittelt sein muß. Mehr noch: Sie bindet auch die existentiellen Wahlen an Kritik, und sie bricht damit zumindest mit einem ungehemmten Dezisionismus, denn sie trägt

---

[22] Robert Spaemann: „Die Herausforderung des ärztlichen Berufsethos durch die medizinische Wissenschaft (1991)", in: ders., *Grenzen. Die ethische Dimension des Handelns*, S. 352.

bei Anerkennung des Subjektivismus zur Objektivierung der existentiellen Wahlen bei.'[23] Auch wenn man Konflikte nicht unbedingt lösen kann, so vollziehen sie sich dadurch doch in einem rationalen Rahmen. Insofern darf das Berufsethos auch nicht „partikularisiert", d.h. der Diskussion mit anderen Verantwortungsbereichen enthoben, bleiben. Die Arbeitsteiligkeit des Handelns darf nicht zu einer Partikularisierung von Verantwortung führen, wenn das bedeutet, dass man im kooperativen Gespräch nicht mehr die Folgen der gegenseitigen Beeinflussung diskutiert. Dies gilt in besonderem Maße für den Arzt und die medizinische Wissenschaft, deren gegenseitige Beeinflussung in gewissem Sinne auch symmetrisch gesehen werden kann. Die Ergebnisse der Wissenschaft können erst durch ihre Anwendung Akzeptanz finden. Ohne die Wissenschaft jedoch kann der Arzt gar nicht behandeln.

Einen entscheidenden Beitrag zu der Urteilsbildung des Arztes sollte auch die Lehre des Christentums leisten. Es gibt bereits eine Vielfalt an anstehenden ethischen Problemen, die in der Medizin zu lösen sind. Dafür müssen nicht nur ausreichend fachliche Spezialisten ausgebildet werden, sondern auch ethisch geschulte Verantwortungsträger. Die jungen Ärzte in der Ausbildung müssen für die ethischen Probleme unserer Zeit sensibilisiert werden. Da das Christentum eine eschatologische [24] Weltsicht hat, ist es somit in seinen Grundzügen bereits auf die Zukunft ausgerichtet. Das impliziert die Sorge für das Kommende und eine Weitsicht, die es ermöglicht, die nötigen Maßnahmen für die Zukunft zu treffen.

Im Christentum geht es nicht nur um die Selbstmitteilung Gottes, d.h. seiner Zusage der erlösenden, vergebenden und vom Tod rettenden Liebe, sondern es geht auch um die Aufforderung, das Leben unter die Herrschaft seines Ursprungs zu stellen. „Nur wer Gott kennt, kennt den Menschen" (Johannes Paul II). Die Botschaft Jesu Christi ist die praktische Wegweisung für ein gerechtes Leben. „Wenn es nicht in der Kompetenz der Kirche Christi läge, die Vernunft so zu orientieren, daß bestimmte Wege eindeutig als Irrwege ausgeschlossen würden, dann wäre ihre Botschaft, die Botschaft des Evangeliums nur dazu da, einen inhaltslosen Akt reinen 'Gewissen-haben-wollens' grundzulegen, der mit beliebigen Handlungsweisen vereinbar wäre, sofern nur der Handelnde seine Wertrangordnung für gültig und seine Sophismen subjektiv für Vernunfturteile hielte."[25] Die Gottes- und Nächstenliebe kennt unendliche viele Entfaltungsmöglichkeiten. Deshalb kann dem Arzt auch keine Liste von Pflichten an die Hand gegeben werden, aber eine Distanzierung von dem, was nicht im Sinne Jesu wäre. Theologen entfalten in dieser Hinsicht keine Anthropologie. Ihr Wissen resultiert nicht aus einer Lehre, sondern aus dem Blick auf Jesus Christus. Dabei handelt es sich um ein Erfahrungswissen, in dem alle Glaubenserfahrungen komprimiert sind, an denen sich alle Methoden und Theorien auf dieser Welt messen lassen, auch die der Medizin.

---

[23] Wolfgang Schluchter: „Polytheismus der Werte. Überlegungen im Anschluß an Max Weber", in: Christoph Jamme (Hg.), *Grundlinien der Vernunftkritik*, S. 338.

[24] In diesem Zusammenhang bedeutet „Eschatologie" die Ausrichtung der Prioritäten auf das Ende der jetzigen Welt mit Blick auf einen Neubeginn in der basilei,a tou/ qeou/.

[25] Instruktion der Kongregation für die Glaubenslehre: *Die Unantastbarkeit des menschlichen Lebens. Zu ethischen Fragen der Biomedizin. Mit einem Kommentar von Robert Spaemann*, S. 76f.

3. Bibliographie

Primärtext:

Spaemann, Robert: „Die Herausforderung des ärztlichen Berufsethos durch die medizinische Wissenschaft (1991)", in: ders., *Grenzen. Die ethische Dimension des Handelns*, Stuttgart 2001, S. 336–352.

Sekundärliteratur:

Aquin, Thomas von: *Über die Sittlichkeit der Handlung, Sum. Theol. I - II q. 18 – 21. Einleitung von Robert Spaemann. Übersetzung und Kommentar von Rolf Schönberger* (Collegia. Philosophische Texte hg. von Rolf Schönberger, Jörg Jantzen und Paul Richard Blum), Weinheim 1990.

Bibliographisches Institut & F. A. Brockhaus AG: *Der Brockhaus in Text und Bild 2002*, Mannheim 2001 (als CD-Rom Ausgabe).

Goethe, Johann W. von: „Sprichwörtlich", in: ders., *Vollständige Ausgabe letzter Hand*, Bd. 1-4: Gedichte, Stuttgart und Tübingen 1827, entnommen von der Webseite: http://www.odysseetheater.com/goethe/texte/gedichte_sprichwoertlich.htm, Stand 08.08.2004.

Instruktion der Kongregation für die Glaubenslehre: *Die Unantastbarkeit des menschlichen Lebens. Zu ethischen Fragen der Biomedizin. Mit einem Kommentar von Robert Spaemann*, Freiburg 1987.

Kant, Immanuel: *Metaphysische Anfangsgründe der Tugendlehre* (Zweyter Theil. Die Metaphysik der Sitten. In zwey Theilen), Königsberg 1797.

Schluchter, Wolfgang: „Polytheismus der Werte. Überlegungen im Anschluß an Max Weber", in: Christoph Jamme (Hg.), *Grundlinien der Vernunftkritik*, Frankfurt am Main 1997, S. 307–340.

Spaemann, Robert: *Moralische Grundbegriffe* (Becksche Reihe; 256), München [4]1991.

Spaemann, Robert: „Sind alle Menschen Personen?", in: Walter Schweidler, Herbert A. Neumann, Eugen Brysch (Hg.), *Menschenleben – Menschenwürde. Interdisziplinäres Symposium zur Bioethik. Mit Beiträgen von R. Spaemann, D. Birnbacher, W. Höfling, H.M. Sass, A. Shewmon, u.a.*, („Ethik interdisziplinär" herausgegeben von Hans-Jürgen Kaatsch und Hartmut Kreß, Bd. 3), Münster – Hamburg – London 2003, S. 45–51.

Spaemann, Robert: „Wirklichkeit als Anthropormophismus", in: Bayern 2000 – Erbe und Auftrag des Bayerischen Staatsministeriums für Wissenschaft, Forschung und Kunst. Mit freundlicher Unterstützung durch den Freistaat Bayern und die Friedrich-Bauer-Stiftung (Hg.), *Was heißt „wirklich"?: Unsere Erkenntnis zwischen Wahrnehmung und Wissenschaft* (Sonderdruck der Vortragsreihe in der Bayerischen Akademie der Schönen Künste), Waakirchen-Schaftlach 2000, S. 13–35.

Sporken, Paul: „Art. Medizinische Ethik", in: Albin Eser, Markus von Lutterotti, Paul Sporken. Unter Mitwirkung von Franz Josef Illhardt u. Hans-Georg Koch (Hg.), *Lexikon. Medizin, Ethik, Recht*, Freiburg – Basel – Wien 1989, Sp. 711–724.

Weber, Max: *Wissenschaft als Beruf 1917/1919. Politik als Beruf 1919*, herausgegeben von Wolfgang J. Mommsen und Wolfgang Schluchter in Zusammenarbeit mit Birgit Morgenbrod (Gesamtausgabe Max Weber. Im Auftr. der Kommission für Sozial- und Wirtschaften hg. von Horst Baier ..., Bd. 17), Tübingen 1992.